Michel Barrot
Pierre Barrot

Nous, les **enfants** de 1933

De la naissance à l'âge adulte

Éditions Wartberg

Mentions légales

Crédits photographiques :

Archives personnelles des auteurs, p. 4, 6, 8-9, 12, 14, 16, 17, 21, 22-23, 27-29, 34-35, 38-41, 42b, 43, 47b, 48, 49h, 50-56, 58, 62, 63b.
© www.pognant.net 2010, p. 37.
© Picture-alliance / dpa, p. ; Picture-alliance / maxppp, p. 5, 20, 42h ; Picture-alliance / KPA / TopFoto, p. 44.
© Ullstein bild, p. 13b, 15, 45, 49b, 60, 63h ; Ullstein bild – SV-Bilderdienst, p. 7 ; Ullstein bild – rps, p. 13h ; Ullstein bild – Max Ehlert, p. 25 ; Ullstein bild – Claere Sonderhof, p. 26 ; Ullstein bild – SZ Photo, p. 32, 33 ; Ullstein bild – Imagno, p. 57.
© Roger-Viollet, p. 10, 18, 19, 30, 61 ; LAPI / Roger-Viollet, p. 31, 47h.

Nous remercions tous les ayants droit pour leur aimable autorisation de reproduction. Dans le cas où l'un d'eux n'aurait pu être joint, une provision de droits est prévue.

2e édition, 2012

40, rue de l'Échiquier
75010 Paris

Un département de Wartberg Verlag GmbH & Co. KG.
Im Wiesental 1
34281 Gudensberg-Gleichen
Allemagne

Conception graphique : Ravenstein & partenaires, Verden.
Imprimé en Allemagne sur les presses de Thiele & Schwarz, Kassel.

ISBN : 978-3-8313-2533-7

Préface

Chers enfants de 1933,

« Tirez la langue et dites trente-trois. » C'était la phrase favorite du docteur pendant ces années-là. Avec un stéthoscope, les sons « trente-trois » permettaient, paraît-il, de mieux entendre certaines vibrations venues des poumons. Il est vrai que l'époque était riche en poitrinaires. Aujourd'hui, on a envie de tirer la langue à cette méchante année 1933. En fait de bonne fée, c'est l'oncle Adolf qui s'est penché sur nos berceaux. Nos parents ont à peine eu le temps de goûter aux congés payés que le Führer leur a mitonné des voyages organisés à sa façon : STO, exode, rafles, déportations. Dans les trois dernières formules, nous étions parfois embarqués nous aussi : certains d'entre nous n'en sont pas revenus. Et ceux qui en ont réchappé n'en reviennent toujours pas.

Nous avons atteint l'âge de raison en 1940, année tout à fait déraisonnable. Puis, ce fut l'âge ingrat, à une époque encore plus ingrate. Les menus étaient diététiques. La mode était au pain noir, à la saccharine à zéro calorie, aux topinambours et aux rutabagas. Les transports étaient écologiques : traction animale et gazogène limitaient efficacement les émissions de gaz carbonique, tout comme la pénurie de charbon qui rendait obligatoires les économies de chauffage. Une époque saine et frugale. Les tickets de rationnement nous ont poursuivis jusqu'à nos seize ans, en 1949. Nous avons tenu grâce au marché noir, sport national qui aurait mérité le rang de discipline olympique. Nos athlètes du ravitaillement et du système D auraient brillé aux jeux de Londres, en 1948.

Mais nous sommes finalement passés à autre chose. Finies les chaussures à semelles de bois. À bas le maréchal et vive le plan Marshall ! L'oncle Sam ne nous a pas seulement envoyé des tracteurs : il a aussi bombardé nos écrans de cinéma avec de belles actrices et d'irrésistibles aventuriers. De quoi vous redonner goût à la vie. Nous avions dix-huit ans en 1951, et Mouloudji chantait : « C'est très curieux comm' tes yeux brillent / En te rapp'lant la jolie fille. »

Michel Barrot

Pierre Barrot

1933-1935

Monsieur bébé

Dès que le nourrisson est devenu bien portant et présentable, le photographe est prié de l'immortaliser.

D'une folie l'autre

Les Années folles avaient pris fin avec la crise de 1929. Dans cette folie douce, la France avait vu fleurir dadaïsme et surréalisme, jazz, charleston et tango, Joséphine Baker et Mistinguett, l'Art déco et le cinéma parlant, les bas de soie et les chapeaux cloches. Symbole de ces années-là, le théâtre parisien de l'Eldorado fut détruit en 1932... Place nette pour une époque moins réjouissante.

En 1933 commencèrent d'autres années folles, mais cette folie-là était devenue furieuse. Hitler et Staline avaient mis en marche, chacun de leur côté, de très grandes machines de mort. Louis-Ferdinand Céline, qui venait

Chronologie

27 février 1933
Incendie du Reichstag, un mois après la nomination d'Adolf Hitler au poste de chancelier.

4 mars 1933
Franklin Delano Roosevelt devient président des États-Unis.

5 mars 1933
Le parti nazi recueille 43 % des voix aux élections législatives.

7 avril 1933
Fin de la prohibition aux États-Unis.

19 avril 1933
Adoption d'une nouvelle Constitution au Portugal et début de la « dictature raisonnable » d'Antonio de Oliveira Salazar, qui durera trente-six ans.

6 février 1934
En France, des ligues d'extrême droite et des mouvements d'anciens combattants manifestent contre le régime parlementaire : seize manifestants et un policier sont tués.

23 mai 1934
Mort du couple de criminels formé par Bonnie et Clyde, lors d'une embuscade tendue par cinq policiers de Louisiane et du Texas.

29-30 juin 1934
Nuit des longs couteaux : Hitler fait assassiner un millier de personnes, dont les chefs des sections d'assaut et de nombreux opposants.

28 septembre 1934
Naissance, à Paris, de Brigitte Bardot.

1er octobre 1934
Début de la longue marche entamée par les communistes chinois sous l'impulsion de Mao Zedong.

1er décembre 1934
Assassinat de Sergueï Kirov, premier secrétaire du comité central du Parti communiste soviétique ; Staline saisit l'occasion pour arrêter Grigori Zinoviev et Lev Kamenev ainsi que de nombreux autres cadres du parti.

Novembre 1935
Première révolte des Arabes de Palestine, provoquée par l'arrivée massive d'immigrants juifs (60 000 au cours de l'année 1935) dont la plupart fuient l'Allemagne nazie.

Prophète d'un malheur auquel il contribuera par son antisémitisme, Céline écrit, au début des années trente, un prodigieux roman qui n'a rien à voir avec les catastrophes à venir mais dont le titre semble prémonitoire : *Voyage au bout de la nuit.*

de publier *Voyage au bout de la nuit*, entamait l'écriture de *Mort à crédit*. Tout un programme...

En 1933, aux États-Unis, sortit une comédie musicale intitulée *Monsieur bébé (A Bedtime story)*. Maurice Chevalier, entre deux chansons, y jouait le rôle d'un vicomte français dont la vie frivole allait être perturbée par la découverte d'un bébé abandonné sur le siège de sa voiture. Nous étions un peu comme ce bébé-là, nés au mauvais moment, dans un monde où le temps n'était plus aux frivolités.

Avec l'arrière-grand-mère, née en 1846.

Les rescapés

La Grande Guerre, achevée quinze ans avant notre naissance, avait laissé nos parents en vie mais il ne serait pas juste de dire qu'elle les avait épargnés. Mon père, âgé de dix-neuf ans en 1918, avait participé aux combats dans la plaine de Laon. Une balle lui avait traversé le mollet sans toucher l'os. Cette blessure lui sauva probablement la vie, car il fut évacué vers l'arrière et l'armistice intervint avant qu'on eût le temps de le renvoyer au front. Il ne fut pas démobilisé pour autant, et dut encore participer à la campagne de Syrie. Débarqué à Alexandrette, il rejoignit Beyrouth en traversant des villages où il fallait raser les murs pour échapper aux francs-tireurs embusqués sous les toits. Dans ses récits, les Turcs apparaissaient toujours comme des « phénomènes ».

En fait de prise de guerre, mon père et ses camarades capturèrent... un chat sauvage. Ils le dépouillèrent avant de le déguster mais la chair, plus fade que celle d'un lapin, se révéla bien décevante. Un autre de leurs faits d'arme fut la découverte d'un coffre-fort qu'ils mirent de longues heures à défoncer à coups de pic. Leur persévérance fut récompensée par quelques pièces d'or qu'ils se partagèrent. De sa campagne d'Orient, mon père ramena aussi le parasite plasmodium vivax qu'il allait garder dans son sang jusqu'à la fin de ses jours. Cette forme de paludisme était alors répandue sur tout le pourtour méditerranéen, à tel point que ni la Camargue ni la Corse n'y échappaient. La fièvre des marais provoquait périodiquement chez mon père de violentes crises. Au cours de l'une d'elles, il faillit, dans un demi-sommeil, étrangler ma mère qu'il venait d'épouser et que ses cauchemars terrorisaient. J'ai failli ne jamais naître.

La résistible ascension d'Adolf Hitler

Le maréchal Hindenburg a quatre-vingt-six ans lorsqu'il nomme Adolf Hitler au poste de chancelier, le 30 janvier 1933. Affaibli et diminué, il mourra l'année suivante.
Lors de l'élection présidentielle de 1932, il avait pourtant battu Hitler très nettement (53 % contre 37 %). Par la suite, le parti nazi stagne, et régresse même légèrement entre les deux élections législatives organisées en 1932, passant de 37 à 34 %. Sans doute n'aurait-il pas pu faire mieux dans des élections libres, malgré l'agitation ultraviolente des sections d'assaut (72 morts lors de la campagne électorale en juillet 1932).
Mais le scrutin proportionnel instauré avec la République de Weimar morcelle l'électorat au point de rendre l'Allemagne ingouvernable. Et aucun front populaire ne peut se constituer car Staline, à la tête de l'Internationale communiste, a ordonné aux « partis frères » de lutter en priorité contre les sociaux-démocrates, qualifiés de sociaux-traîtres.
Dans ce contexte, les trois chanceliers qui se succèdent à la tête du gouvernement allemand au cours de l'année 1932 sont contraints de composer avec des coalitions de circonstance. Ainsi, Hitler parvient à marchander avec le chancelier Franz von Papen l'annulation de l'interdiction des sections d'assaut du parti nazi. Cela n'empêchera pas le chancelier de perdre son poste en novembre 1932, au profit du général Schleicher. Lorsque celui-ci se trouve à son tour en difficulté, en janvier 1933, von Papen persuade Paul von Hindenburg, président de la République de Weimar, d'appeler Hitler à la chancellerie, pensant que l'exercice du pouvoir ne pourra qu'assagir, voire affaiblir ce trublion.

Hitler n'avait qu'un tiers de l'électorat allemand derrière lui lorsqu'il a été nommé chancelier.

À ce stade, Hitler a tiré tout le profit qu'il pouvait du système démocratique. Il y met fin dès qu'il devient chancelier. En février 1933, il interdit 150 journaux, puis déclenche une vague de répression contre les communistes après avoir attribué à l'un d'eux l'incendie du Reichstag. Et surtout, il obtient de Hindenburg la signature d'une ordonnance suspendant les libertés publiques. Lors des élections de mars 1933, le parti nazi obtient près de 44 % des voix. Le 1er décembre 1933, il devient parti unique.

Les jambes en l'air

Dans une France encore très catholique, nos mères ne recevaient aucune espèce d'éducation sexuelle. La plupart ignoraient tout de ce qui pouvait advenir dans un lit conjugal. On ne ménageait aucun effort pour les maintenir vierges et innocentes jusqu'à leur nuit de noces, ce qui donnait parfois lieu à des scènes aussi pathétiques que burlesques.

Au cours de la fameuse nuit, ma pauvre mère prit ses jambes à son cou, et ce n'est pas de *Kâmasûtra* qu'il s'agissait. Ses jambes lui servirent tout simplement à détaler, car rien ni personne ne l'avait préparée au huis-clos de la chambre nuptiale et aux velléités manifestées par mon père. La fugueuse avait vingt-deux ans. Dès qu'on l'eût rattrapée, on convoqua le médecin de famille et c'est lui, en tant que spécialiste des phénomènes corporels et des fonctions organiques, qui fut chargé de lui inculquer séance tenante quelques notions de base sur l'accomplissement du devoir conjugal.

Malgré ce cours de rattrapage, ma mère conserva une grande candeur qui ne devait jamais la quitter. Lors de son premier accouchement, sans doute ignorait-elle l'endroit d'où surgirait le bébé car, longtemps après, elle continuait de manifester sa surprise et mentionnait comme un exploit hors-normes le fait d'avoir accouché « les jambes en l'air ».

Une grande sœur née dix ans plus tôt
et élevée à la campagne...

L'enfant qui a survécu grâce au lait d'ânesse n'a pas l'air totalement rassuré. Comme s'il craignait le coup de pied de l'âne...

Lait d'ânesse

Mettre un enfant au monde était encore, dans ces années-là, une aventure périlleuse. Le risque de mourir en couches était soixante fois plus élevé qu'aujourd'hui, et la perte d'un enfant, trente fois plus fréquente. Un bébé sur dix succombait au cours de sa première année d'existence. Le croup, les convulsions, l'entérite et tout le cortège des maladies infantiles emportaient leur lot de nourrissons.

Le manque d'hygiène et les biberons coupés d'eau non stérilisée faisaient aussi des ravages. Quant aux laits infantiles, dit « maternisés », ils n'étaient guère adaptés à des sujets délicats. Pour ma part, j'étais couvert de boutons, constamment en train de geindre, et bien mal en point. Je ne supportais pas le lait de vache. Pour me sauver, il fallut recourir au lait d'ânesse.

Si ce breuvage était apprécié depuis l'Antiquité, les scientifiques n'en avaient trouvé que tardivement les raisons : moins gras et moins riche en protéines que le lait de vache, le lait d'ânesse est très proche du lait maternel. À la fin du XIXe siècle, un médecin exerçant à l'hospice des Enfants-Assistés (futur Saint-Vincent-de-Paul) à Paris, s'était illustré en sauvant des nourrissons atteints de marasme. Sa technique était aussi simple qu'originale : tenus délicatement par des infirmières, les bébés tétaient directement les mamelles d'une ânesse. Je n'eus pas ce privilège – on allait traire pour moi l'une des bourriques de la ferme familiale. Et si les laits infantiles ont été bien améliorés depuis cette époque, on trouve encore aujourd'hui dans le Berry des éleveurs qui commercialisent du lait d'ânesse.

La grande dépression

Lorsque Roosevelt arrive au pouvoir en 1933, la production industrielle des États-Unis est deux fois plus faible qu'en 1929 et le pays compte treize millions de chômeurs, soit un quart de la population active. Alors que Hitler arrive au pouvoir, la proportion est la même en Allemagne, pays européen le plus touché avec six millions de chômeurs, soit deux fois plus qu'en Grande-Bretagne. Mais, de tous les pays industrialisés, c'est l'Allemagne qui va se redresser le plus vite. Contrairement aux idées reçues, elle commence à le faire avant l'arrivée de Hitler, dès 1932. La reprise économique se poursuit avec les grands chantiers autoroutiers et le réarmement orchestrés par le régime nazi. Dès 1936, la production industrielle allemande retrouve le niveau qu'elle avait en 1929. La France est beaucoup moins touchée par la crise économique que les autres pays européens, mais il lui faut plus de temps pour s'en relever. Comme les États-Unis, elle mettra dix ans à retrouver la prospérité qu'elle connaissait en 1929.

Vincent Scotto (ici avec Tino Rossi en 1936) triomphe avec ses chansons, ses films et ses opérettes.

Chansonnettes

Il ne faisait pas bon être chétif et souffreteux en cette année 1933. La chanson alors en vogue geignait : « J'ai la rate qui s'dilate / J'ai le foie qu'est pas droit / [...] Ah mon dieu qu'c'est embêtant d'être toujours patraque. » La musique de cette rengaine, comme la plupart des succès de l'époque, avait été composée par Vincent Scotto. On n'échappait pas à cet auteur génial et prolifique. En 1933, il jouait dans *Jofroi*, film de Marcel Pagnol, dont il avait également composé la musique. Les années suivantes, ses opérettes marseillaises tenaient le haut de l'affiche et tout le monde fredonnait ses chansons inoubliables, comme

Joséphine Baker, meneuse de revue, devient chanteuse en 1933 avec « J'ai deux amours ».

« Prosper », interprétée par Maurice Chevalier, et « J'ai deux amours » – dont le parolier, Géo Koger, était l'auteur de la rate qui se dilate et des guiboles qui flageolent. La divine Joséphine Baker, dont les merveilleuses guiboles avaient dansé le charleston sans jamais flageoler, triompha précisément avec « J'ai deux amours », sa toute première chanson.

Ma mère, quant à elle, avait un répertoire de chansons éclectique, pour ne pas dire hétéroclite. On y trouvait une berceuse affreusement mélancolique qui a dû fendre le cœur du nourrisson que j'étais : « Bien longuement on se balade / C'est la dernière promenade... ». Elle entonnait aussi des chants patriotiques, qui n'étaient pas guerriers pour autant. Elle affectionnait tout particulièrement cet hymne républicain : « Ô République, éclatante lumière / De nos foyers jaillit la liberté / Au loin de toi les horreurs de la guerre / La République abhorre les partis / Vive à jamais la France pacifique. » Mais le plus souvent, la foi catholique l'emportait sur la fibre républicaine, comme

Un oncle meunier se marie en 1933 devant son moulin. Il n'arrêtera plus de faire la noce, au grand dam de son épouse.

dans cet étonnant appel à la charité chrétienne : « As-tu vêtu les pauvres ? / As-tu vêtu les nus ? / As-tu donc fait l'aumône en l'honneur de Jésus ? / Je n'ai ni vêtu de pauvres / Je n'ai ni vêtu de nus / Tu es comme ces vieux arbres qui ne donnent aucun fruit / Tu vas donner ton âme en l'honneur de Jésus. »

Saints patrons

Le lait d'ânesse n'aurait peut-être pas suffi à me sauver, mais les prières énergiques de ma mère et de quelques bonnes paroissiennes firent le reste. À cette époque, nous étions entourés de saints, qui intervenaient quotidiennement à tout propos. On ne pouvait pas chercher un objet perdu sans implorer saint Antoine de Padoue. Les saints de ce temps-là faisaient aussi la pluie et le beau temps, et les prévisions météorologiques ressemblaient à une litanie de proverbes. Sainte Pétronille trempait ses guenilles, la pluie de sainte Opportune nous privait de prunes, celle du matin n'arrêtait pas le pèlerin, celle de la saint Médard continuait quarante jours plus tard.

Récoltes et travaux des champs donnaient également lieu à une grande consommation de saints. « Beau temps de la saint Guillaume donne plus de blé que de chaume. À la sainte Catherine, tout arbre prend racine. À la saint Roch, aiguise ton soc ! » Ce christianisme paysan, voire païen, s'accommodait d'authentiques diableries. Aux femmes qui voulaient éviter une grossesse, on conseillait des bains de pieds au persil. On éloignait le mauvais œil à coups de fers à cheval et de pattes de lapin. Et les laboureurs se signaient s'ils venaient à entendre le cri d'une chouette.

Le « petit père des peuples » a déjà des millions de morts à son actif. Mais ce n'est encore qu'un échauffement…

Terreur stalinienne

Lors du XVIIe congrès du Parti communiste de l'Union soviétique, en 1934, Staline, avec 270 votes contre lui, est le plus mal élu. Quant à Sergueï Kirov, il fait pratiquement l'unanimité – trois votes négatifs seulement – et devient secrétaire du comité central. Moins d'un an plus tard, Kirov est assassiné par un déséquilibré, à qui le NKVD (police secrète soviétique) a curieusement facilité la tâche. Staline pleure à chaudes larmes, puis accuse du meurtre tous ses adversaires réels ou potentiels. Dans les années qui suivront, il fera exécuter un millier de personnes parmi les 1 966 délégués du XVIIe congrès. Et la purge ne se limitera pas à l'élite du parti communiste. L'assassinat de Kirov inaugure la période de la « grande terreur », qui fera des millions de victimes.

La vie de bébé

En tant que bébés des années trente, nous étions chargés d'un double poids psychologique transmis par nos parents : celui de la Grande Guerre, après laquelle il avait fallu revivre et tenter d'oublier, et celui de la crise économique, qui avait coupé l'herbe sous le pied à l'espoir renaissant, pour faire place à une inquiétude sourde et lancinante. En tant que nouvelle génération, nous incarnions l'espoir mais aussi le souci.

Et même quand ils parviennent à s'en échapper, certains finissent quand même esclaves de leur landau…

Selon les usages de cette époque, on nous plaçait dans un berceau appelé « moïse » ou « bercelonnette », ou encore « chariot alsacien ». Nous étions parfois emmaillotés comme l'Enfant Jésus. Ainsi maintenus comme dans une camisole de force, même les plus agités d'entre nous se tenaient tranquilles et parvenaient à trouver le sommeil. Pour faciliter la percée des dents, on nous frottait les gencives avec un bâton de guimauve. Dans certaines régions, on prétendait obtenir le même effet en nous affublant d'un collier orné d'une dent de taupe mâle. Étrange coutume qu'aucun anthropologue n'est jamais parvenu à décrypter...

Lorsque nous atteignîmes l'âge de nous déplacer, on nous enferma dans un parc en bois. Nous nous sommes tous pincé les doigts dans les charnières métalliques de cet enclos. C'était un moindre mal, car le monde extérieur était bien plus périlleux. Combien de nos devanciers n'avaient-ils pas fini brûlés par le poêle à charbon, noyés dans le bac à lessive, écrasés sous la roue d'une charrette ! Curieusement, le parc à bébé n'a fait son apparition qu'à partir des années vingt. L'histoire n'a pas retenu le nom de son inventeur. Il a pourtant sauvé plus de vies que la ligne Maginot.

Vaille que vaille !

La rente de la grand-mère

Malgré le lait d'ânesse, je continuais de geindre abondamment. Ma mère n'y pouvait rien et ma grande sœur parvenait à peine à me distraire. On me confia donc bien vite à ma grand-mère. Elle seule disposait de la sagesse, de la patience et du temps qu'il me fallait. Elle n'habitait plus la ferme familiale et s'était retirée dans une petite maison du village. À l'époque, il n'existait pas de système de retraite digne de ce nom. Les premières retraites ouvrières et paysannes avaient fait leur apparition en 1910, mais la plupart des caisses avaient fait faillite pendant la Grande Guerre. Ma grand-mère, qui était boiteuse de naissance, avait tout de même

L'assassinat du roi Alexandre de Yougoslavie, le 9 octobre 1934 à Marseille, fait vendre des millions de journaux. Le ministre français des Affaires étrangères, Louis Barthou, meurt le même jour, victime d'une balle perdue tirée par... un policier français.

cessé de travailler en 1929, à l'âge de cinquante-trois ans, pour jouir d'un petit capital amassé par son défunt mari et elle-même en trente-trois années de labeur. Le fait de vivre de ses rentes n'était alors pas exceptionnel, même si ce privilège était devenu beaucoup plus rare après 1914. Depuis environ un siècle, en France, les prix étaient restés remarquablement stables, ce qui favorisait les détenteurs de capital. Mais la guerre eut pour effet de dévaster bien des patrimoines, du fait de l'inflation, des dévaluations et de l'instauration de l'impôt sur le revenu en 1914, qui sera constamment alourdi par la suite. Puis, les emprunts russes ruinèrent un million et demi d'épargnants français. Enfin, le coup de grâce fut porté par la crise de 1929. Le capital de ma pauvre grand-mère n'y résista pas.

Ancienne patronne plutôt aisée, elle en était venue à tricoter des chaussettes pour gagner quelques sous. Elle était trop fière pour accepter de dépendre de quiconque. Sa sœur, qui vivait avec elle, prenait donc secrètement à son compte l'essentiel des dépenses de la maison, ce que lui permettait sa pension de veuve de guerre.

1936-1938

La chambre et le cabinet

Le petit prince avec son mouton.

Front populaire

Tandis que nous attrapions la rougeole, la France, elle aussi, virait au rouge. Le Front populaire avait remporté les élections. Nos campagnes n'y étaient pour rien : elles restaient vertes, mais de peur. Car ce « front » avait une connotation guerrière, et nous promettait du grabuge. Quant au « populaire », il n'annonçait rien de bon – il y avait là-dedans quelque chose de patibulaire, une gueule de faubourg, d'ouvrier mal léché. Le Front populaire, c'étaient des arsouilles en casquette et des femmes en cheveux. Des gens pas très convenables qui ne savent pas se tenir et qui, sans crier gare, vous font une révolution, comme un enfant laissé sans surveillance fait des convulsions.

Chronologie

3 mai 1936
En France, aux élections législatives, victoire du Front populaire, qui rassemble socialistes, communistes et radicaux.

11 et 12 juin 1936
Adoption des lois sur les congés payés, la semaine de quarante heures et les conventions collectives. Le gigantesque mouvement de grève qui a agité la France pendant un mois prend fin.

17 juillet 1936
Soulèvement militaire à l'initiative du général Franco et déclenchement de la guerre d'Espagne.

26 avril 1937
En Espagne, bombardement de la ville de Guernica par l'aviation allemande.

26 juillet 1937
Le Japon envahit la Chine et prend les villes de Shanghai, Pékin et Nankin.

28 septembre 1937
Célébration de l'alliance entre Hitler et Mussolini devant 800 000 personnes rassemblées à Berlin.

13 mars 1938
Hitler proclame l'annexion de l'Autriche (Anschluss), ce qui déclenche peu de réactions en France et en Angleterre.

30 septembre 1938
Édouard Daladier, président du Conseil, et Neville Chamberlain, Premier ministre britannique, signent les accords de Munich. Ceux-ci permettront à Hitler d'annexer les Sudètes, province de Tchécoslovaquie majoritairement peuplée d'Allemands.

10 novembre 1938
Mort de Mustafa Kemal Atatürk, père de la Turquie moderne, laïque et républicaine.

9 novembre 1938
Après l'assassinat à Paris d'un diplomate allemand par un jeune Juif polonais, le ministre de la Propagande du troisième Reich, Josef Goebbels, déclenche la Nuit de cristal. Au cours de ce gigantesque pogrom, une centaine de Juifs d'Allemagne sont assassinés ; 35 000 autres sont arrêtés et internés dans des camps de concentration.

Ce Hell's Angel des années trente est un cousin paternel, chevauchant une Terrot 3CV.

Alors que le nouveau cabinet n'était même pas constitué, des ouvriers se mirent en grève : une usine, puis deux, puis cent, puis douze mille ! C'était le « grand soir », la vilaine secousse orchestrée par les bolcheviques. On disait pourtant que les communistes soutiendraient le gouvernement à la Chambre, même s'ils n'avaient accepté aucun poste de ministre.

Les grands pensaient naturellement que nous étions trop jeunes pour comprendre ces histoires de chambres et de cabinets. Pourtant, à l'instar du président de l'Assemblée, nous avions nous aussi notre perchoir : une chaise haute, percée comme celle de Louis XIV, avec un pot de chambre en dessous. C'est sur ce trône que nous avons fait nos premières allocutions, martelant la tablette avec une cuillère en guise de maillet.

Les congés payés

Les ouvriers de 1936 ne voulaient pas reprendre le travail. Il fallut l'intervention du bolchevique Maurice Thorez pour mettre fin à ce caprice : « Il faut savoir terminer une grève. » Il fallut aussi qu'on leur donnât moins de travail : semaine de quarante heures et congés payés. Être payé à ne rien faire, il fallait y penser ! L'idée était bien française. Elle venait de Paul Lafargue, un gendre de Karl Marx qui avait inventé « le droit à la paresse ». « Pour qu'il parvienne à la conscience de sa force, écrivait-il, il faut que le prolétariat [...] se contraigne à ne travailler que trois heures par jour, à fainéanter et bombancer le reste de la journée et de la nuit. »

Avec les congés payés, le gouvernement de Front populaire inventa les loisirs et le tourisme de masse. Il fit éclore un peu partout des auberges de jeunesse. On vit l'ouvrier partir en tandem avec son ouvrière, déjeuner sur l'herbe, visiter la campagne et les bords de mer. Non content d'encourager la paresse en aidant les ouvriers et les employés à déserter ateliers et bureaux, le gouvernement les incitait en plus à s'échapper de leurs faubourgs. On distribua des billets de train de troisième classe à tarif réduit : 600 000 au cours de l'été 1936, 1 800 000 l'année suivante. Les gares parisiennes devinrent d'immenses capharnaüms. Les « trains de plaisir » emmenaient les Parisiens vers Le Touquet, Honfleur ou Saint-Malo.

On nous déguise en sans-culotte pendant les manifestations de 1936. Bonjour l'instrumentalisation.

Grève des ouvriers du bâtiment en 1936.

Le Front populaire

L'idée d'un Front populaire naît le 12 février 1934, quand deux manifestations, l'une socialiste et l'autre communiste, convergent avec le même slogan : « Le fascisme ne passera pas ! » Une semaine plus tôt, le 6 février 1934, les ligues d'extrême droite se sont attaquées à l'Assemblée nationale. La police a tiré, faisant une quinzaine de morts. Désormais, les militants de gauche voient la France sous la menace fasciste. Les mouvements d'extrême droite les plus puissants sont pourtant royalistes (Action française) ou « républicains mais partisans d'un État fort », comme les Croix de feu. Il y a même eu, parmi les manifestants du 6 février 1934, des anciens combattants d'obédience communiste. Seul point commun entre ces différentes mouvances : le rejet du régime parlementaire. La France a connu trente gouvernements entre 1920 et 1934, et les salaires ont baissé de 20 % depuis la crise de 1929. L'antiparlementarisme culmine avec le scandale de l'escroc Alexandre Stavisky, lié à plusieurs députés radicaux-socialistes. Les ténors d'extrême droite Léon Daudet et Charles Maurras traitent alors le président du Conseil, Camille Chautemps, de « stavisqueux », et l'escroc lui-même de « métèque juif ». Face à cette droite haineuse, la base des partis de gauche prône l'unité et les états-majors suivent, dès l'été 1934. Si les communistes jouent le jeu, c'est que Staline, tirant la leçon de l'arrivée au pouvoir de Hitler en Allemagne, a cessé de désigner les « sociaux-traîtres » comme l'ennemi principal.

En 1936, la coalition des socialistes, des communistes et des radicaux remporte les élections, et Léon Blum devient président du Conseil. Mais pendant le mois qui précède sa prise de fonction, l'impatience des ouvriers se traduit par une épidémie de grèves, souvent spontanées, qui touche douze mille entreprises et près de deux millions de salariés. Le gouvernement Blum est contraint d'aller bien plus loin que ce que prévoyait initialement son programme et, en quelques mois, les mesures sociales les plus audacieuses jamais décidées en France sont votées par le Parlement : hausse des salaires de 12 %, semaine de quarante heures, congés payés, conventions collectives, nationalisation des usines d'armement. Les agriculteurs ne sont pas oubliés, avec la création de l'Office du blé. Mais après l'euphorie vient la gueule de bois. Léon Blum, impuissant face au chômage et à l'inflation, doit démissionner en juin 1937.

« Les Parisiens découvrent la mer et ce premier contact donne tout de suite de belles images que l'on croyait réservées jusqu'ici aux "congés non payés" », lit-on dans *Le Soir*.

Engraisser le Parisien

Le premier débarquement de Normandie eut donc lieu en 1936 : les assaillants qui envahissaient les plages venaient de l'intérieur des terres ; il ne portaient pas de casques mais des casquettes. Cette année-là, non seulement les vacances, mais aussi le fameux week-end, firent leur apparition : la durée hebdomadaire du travail étant passée de 48 à 40 heures, bon nombre de salariés virent leur samedi libéré.

Jusque-là, les rares vacanciers étaient des rentiers (on parlait alors de « villégiature ») ou des enfants de citadins parfois modestes, que leurs parents envoyaient au grand air pour qu'ils se requinquent. Ainsi, mon arrière-grand-mère avait longtemps pris en pension des petits Parisiens qu'elle s'efforçait « d'engraisser », selon ses termes. À leur arrivée, ces jeunes blancs-becs étaient d'abord examinés sous toutes les coutures : ils étaient souvent osseux et pâlichons. L'arrière-grand-mère mettait un point d'honneur à les rendre à leur famille en meilleur état. Elle leur mijotait des légumes du jardin avec du lard – à la ferme, alors, on tuait le cochon toutes les six semaines et les petits Parisiens avaient de quoi profiter.

Dépression rurale

Si, à la campagne, on ne manquait pas de nourriture, l'époque n'y était pas rose pour autant. Depuis la grande dépression, les produits agricoles se vendaient à vil prix et le niveau des récoltes de céréales baissait constamment. En 1935, le prix du blé s'effondra, et la production avec. Le gouvernement de Front populaire parvint à rétablir les prix et à relancer les récoltes en créant en 1936 un office du blé. Mais entre-temps, mon père avait jeté l'éponge – d'autant plus facilement que sa motivation n'avait jamais été très grande. Selon lui, il pleuvait toujours trop ou pas assez et jamais au bon endroit. C'est pourquoi il avait longtemps rêvé d'entrer aux chemins de fer, comme son cousin devenu chef de gare. Mais c'était compter sans ma mère, qui l'avait épousé autant pour lui que pour sa ferme, et s'était donc opposée à ses projets ferroviaires. Elle n'avait aucun goût pour le monde

Dans la cour de la ferme : la vache interloquée ne comprend pas que des chevaux se cachent sous le capot.

du chemin de fer, fait d'ordre, de ponctualité et de prudence, son tempérament d'« arcandière » l'amenant au contraire à se lancer dans des projets audacieux mais désordonnés, parfois florissants mais vite délaissés. Ce père blasé et cette mère trop entreprenante finirent par tomber d'accord pour laisser les terres entre les mains d'un fermier, et s'installèrent dans la maison d'une tante qui venait de trépasser.

Un moulin au fil de l'eau

Ma mère était toujours par monts et par vaux, s'occupant de bois et de champs, tandis que mon père entretenait un domaine de chasse. Je n'étais pas exactement au centre de leurs intérêts, si bien qu'un soir, il m'oublièrent à l'école maternelle. J'en fus désemparé.

L'oncle meunier sur son trente-et-un...

... et en tenue de campagne devant son moulin.

Malgré la poigne de Maman, il est difficile de tenir en place à cet âge où il y a tant à explorer.

En 1938, nous habitions à côté d'un oncle meunier. Son moulin, installé au bord d'une rivière, était doté d'une roue à aubes qui nous paraissait gigantesque. Entraînée par le cours d'eau, cette roue actionnait tout une machinerie faite d'arbres de transmission, de pignons, d'engrenages, de courroies et de poulies, et au bout une énorme meule qui broyait le grain. La farine traversait des tamis avant de former de petites montagnes poudreuses. Elle me faisait penser à du sucre glace. Le crissement de la meule était doux à l'oreille, mais il aurait suffi de glisser un doigt sous la grosse pierre pour être transformé en galette de froment.

La rivière, peu profonde, n'était pas considérée comme dangereuse. Elle avait pourtant indirectement tué mon grand-père maternel. La barque depuis laquelle il fauchait des joncs avait tangué, un jour de 1920 : il s'était entaillé la jambe avec la lame de sa faux et était mort du tétanos.

Staline et la bacchanale de la terreur

On estime qu'entre 1928 et 1936, plus de quatre millions de soviétiques sont morts en détention tandis qu'un million ont été exécutés. Mais ce n'est pas assez pour Staline : au cours des années 1937-1938, le même score est atteint en seulement deux ans : trois millions de personnes meurent dans les prisons et les camps ; deux millions sont fusillées ou liquidées d'une balle dans la nuque. Cette répression sera qualifiée de « bacchanale de la terreur » par l'historien et journaliste Sergueï Melgounov.

Les glaneuses

La boîte à outils me servait alors de coffre à jouets, et je m'amusais pendant des heures avec des tenailles et des bobines en bois. Mon grand-oncle avait accroché un fil invisible au plafond, grâce auquel il actionnait mon ours en peluche sous mes yeux ébahis. Commençant à déchiffrer les lettres, je feuilletais *Le Bavard*, une sorte d'almanach où l'on trouvait des prévisions météorologiques pour toute l'année. Nous avions l'électricité, mais on attendait que la nuit fût complètement tombée pour allumer les lampes. Quant à l'eau, elle venait d'un puits situé devant la maison.

Pour arroser ses légumes, la grand-tante préférait l'eau de la rivière. Elle descendait avec ses arrosoirs jusqu'à une aire cimentée qui lui servait aussi pour la lessive. Elle y plaçait une sorte de caisson garni de paille, un garde-genoux en bois nommé « cabasson », dans lequel elle s'agenouillait au ras de l'eau. Elle faisait barboter le linge dans le courant, le frappait à grands coups de battoir et le tordait vigoureusement pour l'essorer. Le lavoir municipal n'était pas loin, mais elle répugnait à se commettre avec les autres femmes. Pourtant sur la rivière, on trouvait aussi des cabinets sur pilotis, qui contribuaient à rendre l'eau poissonneuse…

Un lavoir dans la rivière.

Nous étions en lisière du village. De la maison, je voyais chaque soir ma grand-tante marcher, toute droite, en tenant les deux cornes de son tablier rempli de fruits grappillés çà et là, dans des lopins en friche, des vergers à demi abandonnés, des vignes oubliées. Parfois, telle une Africaine, elle portait sur la tête ce même tablier noué aux quatre coins et rempli d'herbe pour les lapins. Ce n'était pas du chapardage, mais la poursuite d'un vieil usage qui voulait qu'on ne laissât rien perdre de ce qui aurait dû être ramassé en son temps. Suivant ce même usage, après la moisson, des cohortes de femmes et d'enfants s'égaillaient dans les champs de blé pour y glaner épis et grains oubliés.

La France pacifique

J'eus mon premier vélo à roulettes à Noël, en 1938. À cinq ans, bientôt six, il était temps d'apprendre à vivre. J'avais percé à jour le subterfuge du fil à pêche qui faisait gesticuler mon ours en peluche. Je découvris des choses bien plus redoutables : mon grand-oncle laissait traîner ses livres sur la Grande Guerre, où l'on pouvait voir des cadavres de soldats, des amas de ruines et toutes sortes d'horreurs indélébiles. La majorité des anciens combattants de cette époque étaient devenus pacifistes. Leur slogan favori était « Plus jamais ça ! », et il ne pouvaient pas concevoir qu'on puisse un jour connaître pire que « ça ». La conférence de Munich, qui avait vu Daladier et Chamberlain céder devant Hitler et Mussolini, avait été accueillie avec un grand soulagement. Il est difficile d'en vouloir aux adultes de cette époque : ils avaient tenté d'être heureux sans jamais y parvenir.

Un fier tricycle.

Deux grands cousins en guise de tuteurs.

Après les joyeuses grèves du Front populaire, après les grandes vacances de l'été 1936, il avait fallu déchanter. Franco écrasait l'Espagne sous sa botte, l'Autriche et une partie de la Tchécoslovaquie étaient aux mains des nazis, Mussolini se taillait un empire en Afrique, et la France pusillanime attendait des jours meilleurs. Nos soldats frissonnaient, recroquevillés derrière leur ligne Maginot.

Le grand bluff nazi

En 1933, la conquête de « l'espace vital » annoncée par Hitler dans Mein Kampf *est rendue impossible par les dispositions du traité de Versailles. La rive gauche du Rhin a été démilitarisée, le service militaire interdit et l'aviation militaire allemande, supprimée. Mais le 9 mars 1935, Hitler annonce officiellement la reconstitution de la Luftwaffe. Encouragé par l'absence de sanctions, il rétablit le service militaire une semaine plus tard. Le 7 mars 1936, il réinstalle des troupes en Rhénanie, ce qui ne provoque au sein du gouvernement français que de vagues protestations. Le 12 mars 1938, il annexe l'Autriche dans l'indifférence générale. En septembre, il prétend venir au secours de la population allemande des Sudètes, région occidentale de la Tchécoslovaquie. Cette fois, les Alliés protestent et la guerre semble imminente. Mais lors de la conférence de Munich, les chefs des gouvernements français et britannique abandonnent le président tchécoslovaque, et autorisent l'annexion des Sudètes. Aussitôt, la Pologne et la Hongrie s'emparent chacune d'un morceau de Tchécoslovaquie, tandis que les Slovaques imposent au gouvernement de Prague la transformation de l'État en fédération. Le 15 mars 1939, les troupes allemandes envahissent la Bohème et la Moravie sans rencontrer aucune résistance. Le 23 mars, Hitler impose à la Slovaquie un « traité de protection » qui la place sous la coupe du IIIe Reich.*

À la guerre comme à la guerre

1939-1943

Mieux qu'un ours en peluche : une génisse que l'on peut partager avec la cousine.

La mobilisation immobile

Notre jeune âge ne nous empêchait pas de nous préparer au combat. Nous organisions avec le plus grand sérieux des batailles rangées, faisant manœuvrer des cartouches vides en guise de soldats de plomb. C'est dire que nous ne fûmes pas pris au dépourvu lors de la déclaration de la guerre. Ce jour-là, les échanges entre la grand-mère et sa sœur avaient pris un tour inhabituel. Il ne fallait pas être grand clerc pour décrypter ces visages graves

Chronologie

15 mars 1939
L'Allemagne, violant les frontières tchécoslovaques, occupe la Bohème et la Moravie et fait main basse sur les usines d'armement Skoda.

23 août 1939
Signature du Pacte germano-soviétique.

1er septembre 1939
Les troupes allemandes envahissent la Pologne, provoquant, trois jours plus tard, la déclaration de guerre du Royaume-Uni, de la France, de l'Australie et de la Nouvelle-Zélande.

10 mai 1940
Les troupes allemandes déferlent sur la Belgique, les Pays-Bas, le Luxembourg et la France ; la guerre éclair, ou Blitzkrieg, aboutit à l'occupation du Luxembourg dès le premier jour, puis à la capitulation des Pays-Bas le 15 mai, de la Belgique le 28 et enfin de la France le 22 juin.

22 juin 1941
Déclenchement de l'opération « Barbarossa », offensive allemande contre l'Union soviétique.

23 novembre 1941
Début de l'utilisation des chambres à gaz à Auschwitz.

7 décembre 1941
L'attaque surprise de Pearl Harbour détruit une grande partie de la flotte américaine dans le Pacifique.

16 juillet 1942
Lors de la rafle du Vél' d'Hiv', environ 13 000 Juifs sont arrêtés par la police française à Paris et en région parisienne.

8-12 novembre 1942
Les Alliés prennent le contrôle successivement du Maroc, de l'Algérie et de la Tunisie.

2 février 1943
À Stalingrad, les troupes allemandes connaissent leur première défaite en Europe depuis le début de la guerre.

21 juin 1943
Arrestation de Jean Moulin, chef de la Résistance en France.

22 juillet 1943
Le débarquement des Alliés en Sicile conduit les troupes allemandes à pénétrer en Italie par le nord ; trois jours plus tard, Mussolini, mis en minorité par le Grand Conseil fasciste, est arrêté.

Avec des cartouches vides en guise de soldats de plomb, on se prépare au combat.

et ces longues conversations. La grand-tante avait été marquée par la mort de son premier mari en 1917, à qui elle pensait sans doute en évoquant les hommes – dont mon père – qui allaient partir de nouveau.

Mon père, à quarante ans passés, fut donc mobilisé. On l'affecta à l'entretien des jardins de notre capitale départementale, située à cinq cents kilomètres des frontières. Puis, en tant qu'agriculteur, il fut démobilisé en février 1940, l'État-Major ayant estimé que la patrie avait davantage besoin de pain que d'espaces verts. C'était toute l'ironie de cette drôle de guerre où rien ne bougea pendant près de neuf mois. Le temps d'une grossesse.

Bombardement d'une ville française en juillet 1940. Un soldat du Reich pose au premier plan, devant l'œuvre de la Wehrmacht.

Exode en Rosalie

Lorsque vint le terme de la gestation et que surgit la bête immonde, déversant le feu de sa Blitzkrieg sur les Ardennes, l'armée française fut anéantie en quelques semaines. Au matin du 16 juin 1940, il nous fallut monter dans la Citroën familiale, une Rosalie. Le départ précipité n'empêcha pas les plus jeunes d'entre nous d'emporter leurs illustrés, des exemplaires du *Journal de Toto*, dont la dernière page montrait les exploits guerriers de Boule de neige, un tirailleur sénégalais qui semait la terreur dans les lignes ennemies.

Notre baptême du feu fut bien différent. À l'approche de la Loire, des avions, qui nous furent annoncés comme italiens, nous survolèrent. Ils commencèrent, qui à bombarder un pont, qui à mitrailler les routes. Un officier se jeta sur mon cousin et moi et nous poussa dans les orties du fossé où, avec mon père, il nous couvrit de son corps. Puis, la DCA riposta et les avions s'éloignèrent. Lorsque nous franchîmes enfin le pont, une femme morte et un âne y gisaient. Les bombardements détruisirent l'église et firent dix-neuf morts dans le village.

À la nuit tombée, nous avions atteint la rive sud de la Loire quand, à notre grande frayeur, un homme bondit sur le marchepied de la Rosalie. Sans doute voulait-il s'emparer de la voiture, mais, découvrant notre chargement de vieilles femmes et d'enfants, il renonça à sa tentative.

Dix millions de fuyards

On raconta par la suite que des détenus échappés des fourgons cellulaires d'une prison évacuée à la hâte s'étaient répandus dans les ruines, pillant les maisons abandonnées, agressant les rares habitants restés chez eux, tuant au besoin sans vergogne. Mais peut-être ne s'agissait-il que d'une rumeur : pendant l'exode, les prisonniers de droit commun étaient censés être encadrés par un détachement militaire, avec ordre de tirer à la moindre tentative d'évasion.

Autre rumeur : celle concernant les avions, qui étaient bel et bien allemands mais qui avaient été identifiés comme italiens par de très nombreux témoins tout à fait formels, sur la Loire mais aussi à Givors, La Rochelle, Montluçon et même en Alsace. Si les historiens n'ont toujours pas trouvé d'explication à cette hallucination collective, il est vrai, en revanche, que des escadrilles italiennes ont bombardé Marseille et la Corse en juin 1940. Elles n'avaient cependant ni la capacité, ni la moindre raison d'atteindre la moitié nord de la France.

Au moment où nous franchissions la Loire, dix millions de Français étaient, comme nous, jetés sur les routes, dans un mouvement de panique jamais observé dans l'histoire du pays. Aux civils se mêlaient des lambeaux de l'armée en déroute. L'objectif des bombardements allemands était d'empêcher tout regroupement de ce qui restait des forces françaises, après un mois de guerre éclair.

En plein exode.

Le port de l'étoile jaune n'a pu être imposé aux Juifs de France qu'après un fichage méthodique entamé dès 1940.

Du Vél' d'Hiv' à l'holocauste

En France, des Juifs sont internés dès octobre 1940 ; les premières rafles sont organisées en 1941. Selon la propagande de Vichy, il ne s'agit que de Juifs étrangers. Lors des premières déportations vers l'Allemagne, en 1942, on parle de « transferts de population à l'Est pour le travail ». En juin, le port de l'étoile jaune est imposé à tous les Juifs de France, préalablement recensés et fichés.
Le 17 juillet 1942 a lieu la rafle du Vél' d'Hiv'. Elle concerne plus de 13 000 personnes, dont près des deux tiers seront entassés au Vélodrome d'Hiver avant d'être déportés. On parle encore de Juifs étrangers, mais les 4 000 enfants arrêtés avec leurs parents sont, pour la plupart, français.
Un mois plus tard, 10 000 Juifs étrangers sont arrêtés en zone libre et déportés. La France de Vichy offre le cas, presque unique en Europe, d'un régime qui livre aux nazis des Juifs arrêtés dans une zone non occupée.

Au total, 76 000 personnes, soit un quart des Juifs de France, seront déportées et, pour la plupart, exterminées (2 500 personnes survivront). Aux Pays-Bas, 85 % des Juifs sont déportés, malgré une impressionnante grève de protestation observée dans tout le pays. La France ne connaîtra pas de tels mouvements de solidarité, mais les actions individuelles des Justes sauveront de nombreuses vies sur un territoire nettement plus difficile à quadriller que celui des Pays-Bas. En Belgique, près de la moitié des Juifs seront déportés. On en dénombrera à peine 10 % en Italie, où le régime de Mussolini n'a pas déployé autant de zèle antisémite que celui du Maréchal Pétain. Si les Juifs d'Europe de l'Ouest ont payé un lourd tribut, l'écrasante majorité des victimes de l'holocauste vient de l'Est. Plus précisément d'Union soviétique (près de deux millions de personnes) et de Pologne (la quasi-totalité des trois millions de Juifs du pays).

Personnes déplacées

Un oncle marchand de cochons avait des amis fermiers à trente kilomètres au sud de la Loire. Nous atteignîmes cette terre promise au soir du 16 juin, après une seule journée d'exode. L'endroit était déjà envahi de réfugiés. Nous fûmes accueillis avec des pleurs et de grandes démonstrations de sympathie. On nous logea dans une maison abandonnée où la paille nous servit de litière.

Il y avait, face à cette masure, des toits à cochons. Des soldats français vinrent s'y déshabiller, troquant leurs uniformes crasseux contre des vêtements civils. La guerre était finie, et il fallait maintenant songer au ravitaillement. Une tante, bouchère de son état, avait emporté des quartiers de viande dont la salaison était insuffisante pour une longue conservation. Ce furent ses premiers pas dans une voie où elle ferait bientôt fortune : le marché noir.

Un oncle, pendant ce temps, creusait un trou dans une haie pour y mettre à l'abri ses titres de rente. Lorsqu'il alla les récupérer au bout de quelques jours, le patrimoine s'était envolé – sans doute avait-il été surpris en train de creuser.

Le premier Allemand que nous vîmes fut un motocycliste. Tous les réfugiés avaient les yeux rivés sur lui. Il fit un tour rapide dans la cour de la ferme, puis s'éclipsa. Le temps de l'Occupation était arrivé : nous n'avions plus qu'à rentrer chez nous. Sur le chemin du retour, des vaches et des chevaux morts gisaient sur les bas-côtés. Les images de ces journées se sont fixées dans ma mémoire d'une manière indélébile. J'avais sept ans.

Béret basque et culotte de golf pour pédaler à toutes jambes... sous l'œil vigilant de la grand-mère.

Le silence de la grand-mère

Dès le début de l'Occupation, la grand-mère fut contrainte de loger un soldat allemand. Plutôt que de cohabiter, elle lui abandonna sa maison pour s'installer chez sa sœur, juste à côté. Elle ne faisait chez elle que de rares incursions, presque toujours en l'absence de son pensionnaire. Cet encombrant soldat se rasait dans la cuisine, penché sur un miroir écorné. C'était un immense gaillard à nos yeux de gosses. Il traitait la grand-mère de capitaliste car, selon lui, elle s'offrait le luxe d'une résidence secondaire. De son côté, elle observait à son égard une froideur et une réserve sans faille.

Ces années-là, il y avait en France environ 400 000 soldats allemands. La plupart appartenaient à des divisions de campagne, dont certaines furent envoyées en 1941 sur le front de l'Est. Un dixième seulement des soldats appartenait aux Landesschützen, les bataillons de réserve, chargés de la surveillance du territoire occupé et souvent composés d'hommes d'âge mûr, jugés inaptes au combat.

De retour d'exode, nous avions vu arriver le gros des troupes allemandes avec leurs chevaux et leurs longs chariots. Les soldats nous jetaient des bonbons acidulés. Nous fûmes peu nombreux à en manger, les adultes nous ayant certifié qu'ils étaient empoisonnés. Ces soldats débonnaires nous paraissaient inoffensifs. Ils étaient pourtant de la même engeance que les pilotes de Stukas qui avaient mitraillé sur les routes l'immense troupeau des fuyards.

Malgré les restrictions, concours de croissance avec une grande sœur qui ne tardera pas à être dépassée.

Pénuries et marché noir

La France était exsangue. De ses soldats défaits, 1 800 000 furent faits prisonniers et conduits en Allemagne. Leur retour se faisait au compte-gouttes. Il était compensé par la « relève », c'est-à-dire le départ outre-Rhin de travailleurs volontaires. Puis vint le STO, Service du travail obligatoire. Pendant toute l'Occupation, la France fut donc privée d'un part importante de sa main-d'œuvre. Cette situation, ajoutée aux destructions causées par les combats, aurait suffi à provoquer de graves pénuries. Mais elle était considérablement aggravée par les réquisitions opérées par l'Allemagne, et le prélèvement colossal de 400 millions de francs par jour, prétendument destiné à l'entretien des troupes d'Occupation. Malheur aux vaincus !

Faire les foins : un jeu d'enfant, même quand les Allemands ont réquisitionné les chevaux.

La puissance occupante faisait main basse sur une part importante de la production industrielle française. Elle prélevait également quantité de produits agricoles. Tandis qu'un système de tickets de rationnement était mis en place par le régime de Vichy, le marché noir battait son plein, avec ses tarifs exorbitants. Ceux qui n'avaient pas les moyens de s'approvisionner au prix fort se rabattaient sur des produits de second ordre, échappant aux réquisitions allemandes. C'est ainsi que le rutabaga, espèce de légume nordique, mi-navet, mi-chou, devint un aliment de base, de même que le topinambour. Nous étions moins rebutés par celui-ci, tubercule à la chair suave, qui nous réjouissait non seulement par son goût mais aussi par ses effets secondaires. Il provoquait en effet de remarquables flatulences.

La débâcle

Pendant la drôle de guerre, de septembre 1939 à juin 1940, le moral des troupes françaises, désœuvrées, est au plus bas. Le patriotisme des ouvriers s'est trouvé entamé par le pacte germano-soviétique et la désertion de Maurice Thorez, chef du parti communiste, qui a rejoint Moscou. Lorsque l'Union soviétique attaque la Finlande, en décembre 1939, Français et Anglais tergiversent. En mars, la France envoie enfin des troupes – trop tard. La Finlande capitule et le président du Conseil, Édouard Daladier, est renversé. Paul Reynaud le remplace et doit immédiatement faire face à une offensive allemande sur le Danemark et la Norvège. C'est la première guerre éclair, et malgré une victoire éphémère des Alliés à Narvik, l'Allemagne triomphe. Cette fois, c'est le Premier ministre britannique qui doit démissionner : Chamberlain est remplacé par Winston Churchill le 10 mai 1940. Le jour même, on apprend l'offensive allemande sur les Pays-Bas, le Luxembourg et la Belgique, dont les armées sont balayées en quelques jours.

Quant à la France, sa ligne Maginot ne préservant que la frontière avec l'Allemagne, elle a dû déployer ses troupes sur un front immense allant de la Lorraine à la Flandre. L'État-Major a positionné peu de forces au niveau des Ardennes, estimant le relief suffisant pour empêcher une offensive des chars allemands. Mais les Panzers *réussissent une percée magistrale à cet endroit précis, et la Wehrmacht déferle sur la France. Dès le 15 mai, Paul Reynaud annonce au téléphone à Churchill : « Nous sommes battus. Nous avons perdu la bataille. » Il y aura encore cinq semaines de recul, entre débâcle et résistance. 338 000 soldats – principalement britanniques – parviendront à gagner l'Angleterre depuis Dunkerque. Les Anglais feront une ultime tentative en débarquant à Brest, mais devront rembarquer leurs troupes. Le 16 juin, Paul Reynaud, replié à Bordeaux, envisage une union de la France et du Royaume-Uni au sein d'un même État. Ultime recours à ses yeux contre la capitulation. Mis en minorité, il doit démissionner. Le maréchal Pétain le remplace et signe l'armistice le 22 juin.*

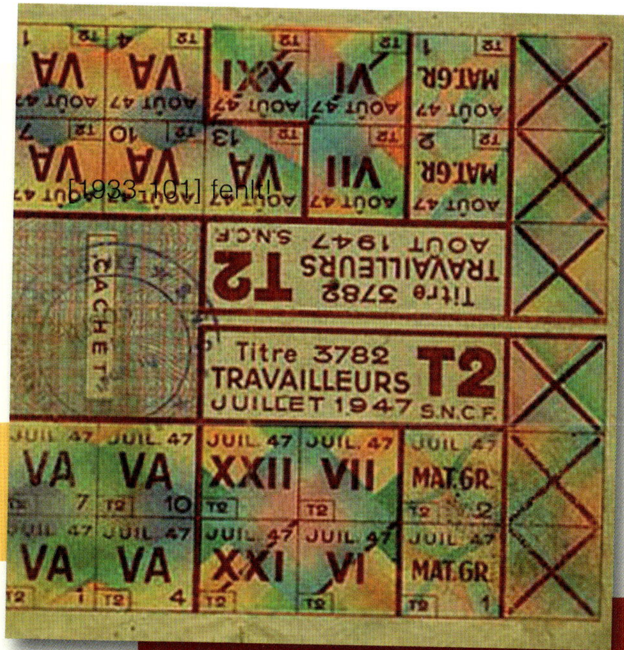

Tickets de rationnement.

Le temps des ersatz

Les Allemands réquisitionnant les chevaux de trait, beaucoup de cultivateurs durent se rabattre sur les bœufs pour labourer leurs champs. Ces animaux placides nécessitaient une infinie patience. Mon père en avait à revendre, et s'adapta sans rechigner.

Au même moment, le carburant étant rationné, on vit fleurir les gazogènes. Ces chaudières installées à l'arrière des véhicules permettaient de les propulser en brûlant du charbon ou des copeaux de bois. Pour les pneus, l'approvisionnement en latex étant devenu impossible, les Allemands avaient inventé un caoutchouc synthétique baptisé Buna.

Dans la fermette isolée où nous nous étions installés depuis l'occupation de la ferme familiale, nous nous éclairions à la bougie et à la lampe à pétrole. Grâce à l'oncle meunier, nous échappions au pain noir. En échange de la farine que nous lui apportions, le boulanger nous cuisait des quantités de pain blanc très supérieures à ce qu'autorisaient les tickets de rationnement. En revanche, des produits comme le café étaient devenus introuvables. Plutôt que de recourir à la chicorée, nous ramassions des glands pour les torréfier.

Se procurer des chaussures était devenu un vrai casse-tête. Faute de cuir, on ne trouvait plus que des galoches à semelles de bois. Un jour de 1943, mon père m'emmena en ville pour m'en acheter une paire. Il profita pour cela du déplacement de l'oncle meunier qui allait, avec sa camionnette, prendre livraison d'un chargement de vaisselle pour une boulangère dont le mari avait été tué en 1940. Avant de trépasser, le boulanger lui avait demandé de prendre soin de sa femme : le meunier avait si bien honoré sa promesse qu'il en était venu à honorer la veuve elle-même.

Parents, oncle, tantes, jeune cousin... et un électron libre incapable de garder la pose.

Port d'arme prohibé

Pour améliorer les rations alimentaires, on braconnait. La plupart des armes de chasse avaient été déposées par leurs propriétaires dans les mairies, sur ordre de l'occupant. Mais mon père avait dissimulé une carabine 22 Long Rifle qui avait l'avantage d'être bien moins bruyante qu'un fusil. Tandis qu'il se mettait à l'affût, je lui servais de rabatteur. Nous étions convenus d'un signal : un coup de sifflet annonçait le départ, puis la fin de chaque battue. Un jour que j'arpentais le bois avec mon bâton, je vis surgir un Allemand. Le fusil à la bretelle, il descendait le chemin creux qui bordait le taillis où nous nous trouvions. J'eus tout juste le temps de me coller au sol. Le soldat ne m'avait pas vu. Mais mon père, à l'autre bout du bois, choisit cet instant pour siffler. L'Allemand, intrigué, stoppa net et dressa la tête. Je retins mon souffle, persuadé que j'allais subir le même sort que notre gibier, mais il finit par repartir. Après cette chaude alerte, nous nous contentâmes de tirer les faisans perchés à la tombée de la nuit.

L'oncle meunier chassait, lui aussi. N'étant pas du genre à livrer ses armes aux autorités, ni à les enterrer dans le jardin, il avait conservé son fusil, accroché au mur de son moulin, au vu et au su de tous et en particulier de l'occupant. Un mélange d'inconscience et de mépris du danger lui permettait même d'organiser de rapides parties de chasse en forme de commandos, avec des restaurateurs parisiens qui se procuraient de la farine à son moulin.

Pour son plus grand profit, l'oncle approvisionnait tout aussi volontiers les Allemands, que son caractère fantaisiste amusait. Le moulin tournait à plein régime. L'argent coulait à flots, mais l'oncle en laissait échapper une bonne partie : certains de ses commis empochaient les billets et rendaient la monnaie avec l'argent de la caisse.

Un dimanche à la campagne en septembre 1940.

La Libération

Une première communion tout ce qu'il y a de plus banal. Pendant ce temps, grâce à de Gaulle et aux résistants, la France se refait une virginité.

Léthargie et résistance

Il y eut dans notre commune un martyr de la Résistance, tué par accident à dix-neuf ans par un de ses camarades. Il avait rejoint le maquis pour plaire à son père, un ancien policier. Mon propre père désapprouvait : « Ça ne presse pas », disait-il.

Après la drôle de guerre qui, selon Churchill, avait plongé Français et Anglais « dans un état de catalepsie », nous étions entrés avec l'Occupation dans une phase de léthargie où, précisément, « rien ne pressait ». Cette hibernation était moins rude dans les campagnes, où le marché noir permettait de s'en sortir bien mieux qu'en ville.

Chronologie

6 juin 1944
Débarquement de Normandie.

22 juillet 1944
Les accords de Bretton Woods aboutissent à la création du Fonds monétaire international et de la Banque internationale de reconstruction et de développement, surnommée Banque mondiale.

25 août 1944
Libération de Paris.

30 novembre 1944
Au camp de Thiaroye, au Sénégal, des tirailleurs s'élèvent contre leur traitement au moment de leur démobilisation. La répression fera 35 morts.

27 janvier 1945
Libération du camp d'Auschwitz par l'Armée rouge.

28 février 1945
Mussolini est fusillé par la résistance communiste italienne.

30 avril 1945
Suicide de Hitler et de sa femme Eva Braun.

7 mai 1945
Le général Jodl signe à Reims l'acte de capitulation de l'Allemagne.

8 mai 1945
Émeute à Sétif, en Algérie, suivie d'une répression inouïe.

6 et 9 août 1945
L'explosion de deux bombes atomiques à Hiroshima et Nagasaki fait plus de 110 000 morts et entraîne la capitulation du Japon, le 14 août.

23 novembre 1946
La marine française bombarde le port de Haïphong, en Indochine, faisant au moins 6 000 morts en représailles contre des attentats du Vietminh (Ligue pour l'indépendance du Vietnam). C'est le premier acte de la guerre d'Indochine.

29 mars 1947
Insurrection à Madagascar contre le pouvoir colonial français ; la répression fera près de 70 000 morts.

18 juillet 1947
L'Exodus, avec 5 000 immigrants juifs à bord, est intercepté par la marine britannique aux abords de la Palestine et renvoyé vers Marseille, puis vers Hambourg.

Avant l'invention de la machine à traire, gare à la tendinite !

Pour ceux qui pouvaient tirer profit des pénuries, ces années-là furent même des années folles, après les années noires de la crise économique. Ce fut le cas de l'oncle meunier. Non seulement son moulin avait acquis une importance stratégique, mais il avait su lui-même s'imposer face à l'occupant. Il n'avait pas le profil cauteleux de ceux qui, d'emblée, faisaient étalage de leur soumission. Bien au contraire, il se moquait ouvertement de l'autorité, mais ses frasques de joyeux luron amusaient tout le monde – y compris les Allemands. Ceux-ci le croyaient

Un véhicule à gazogène.
L'âge d'or des biocarburants...

inoffensif, et le moment venu, il sut utiliser cette image pour les berner.

Ainsi, lors des premiers parachutages d'armes et de munitions destinées au maquis, ce fut lui qui assura le transport avec son camion à gazogène. Il eut la malchance d'être intercepté par des soldats allemands qui le connaissaient. Interrogé sur sa cargaison, il annonça sur un ton de conspirateur que des grenades et des mitraillettes étaient dissimulées sous les sacs de grain, ce qui était parfaitement exact. Les soldats, habitués à ses facéties, n'en crurent pas un mot : riant aux éclats, il le laissèrent repartir sans rien vérifier.

Une charrette de blé devant le moulin. Le meunier, après avoir brassé beaucoup d'argent sous l'Occupation, fut accusé de « profits illicites ».

Après la guerre, retour à la ferme familiale, désertée par nos parents puis occupée par les Allemands.

Le dernier combat

L'arrivée des Américains, en août 1944, donna lieu à des accrochages avec un détachement de l'armée allemande en déroute. Les premières rafales d'armes automatiques nous surprirent mon père et moi en train de charger des bottes de haricots sur la charrette attelée à nos deux bœufs. Nous prîmes la fuite en abandonnant les bêtes, courant à travers champs pour atteindre notre logis. Des voisins surpris en route par les premiers coups de feu s'y étaient déjà réfugiés. Tandis que nous nous mettions à l'abri à leurs côtés, un jeune cousin courait à travers la pièce, une boîte de sucre à la main.

La bataille faisait rage sur le plateau voisin. En pleine fusillade, nous vîmes arriver paisiblement nos bœufs tirant la charette : ils avaient emprunté la route, suivant le chemin habituel. En fin de soirée, l'oncle meunier surgit sur une moto, portant une gibecière pleine de grenades : surexcité, il nous annonça la fin des combats.

Oradour-sur-Glane : 642 morts. Le plus grand massacre de civil commis par l'armée allemande en Europe de l'Ouest, après celui de Marzabotto en Italie.

Ultimes barbares

La chasse aux Allemands isolés venait de commencer. Le soir tombait et nous dînions dans le jardin quand un homme sortit du bois et s'avança vers nous, armé d'une mitraillette. Les yeux hagards, visiblement nerveux, il demanda si nous avions vu « des Boches en fuite ». Ce héros de la Résistance fut abattu quelques jours plus tard par un de ceux qu'il traquait. Sans doute l'Allemand avait-il été témoin auparavant de l'exécution sommaire de l'un de ses camarades, achevé alors qu'il se rendait, les mains en l'air, en brandissant des photos de sa femme et de ses enfants. Âgé de onze ans, j'ai vu ce soldat mort, abandonné dans un fossé au bord de la route. Que serait-il advenu si une colonne de SS était passée par là ?

Deux mois plus tôt, la division « Das Reich », remontant vers le nord après le Débarquement, avait pendu 99 personnes à Tulle avant de massacrer le lendemain 642 habitants d'Oradour-sur-Glane. À Tulle, plusieurs Allemands prétendirent avoir agi de la sorte à cause du traitement réservé à 40 des leurs, tués par les « terroristes » du maquis FTP de Corrèze et dont certains, émasculés, s'étaient vu mettre les testicules dans la bouche. Cette histoire de mutilation était fausse, mais les barbares ont souvent besoin de prêter à leurs victimes un peu de leur barbarie.

De Gaulle, tambour battant

Refuser la capitulation et se replier hors de l'Hexagone pour continuer le combat : lorsque Charles de Gaulle fait ce choix, il n'est général que depuis trois semaines, et secrétaire d'État depuis dix jours ; autant dire qu'il ne pèse pas lourd politiquement. Mais il a l'intelligence de rejoindre l'Angleterre par avion dès le 17 juin 1940, et de diffuser le lendemain même son fameux appel. Quatre jours plus tard, l'ancien président du Conseil, Édouard Daladier, quitte la France à son tour, à bord du navire Massilia, *avec une trentaine de parlementaires et de ministres. Mais ils ne parviennent pas à débarquer à Casablanca et sont réexpédiés en France, où plusieurs seront emprisonnés. À Londres, Churchill n'a pas d'autre choix que de reconnaître de Gaulle comme le chef de la France libre.*
Le 30 mai 1943, le général est à Alger où il met quelques mois à supplanter Henri Giraud, qui avait la faveur de Churchill et de Roosevelt. Ce dernier considère de Gaulle comme un « fanatique, à l'esprit étroit, dévoré d'ambition et ayant de la démocratie une conception plutôt suspecte ». Quand vient l'heure du Débarquement, les Américains s'apprêtent à prendre en charge les zones françaises libérées avec leur administration militaire et une monnaie émise par eux. Pour de Gaulle, il n'en est pas question. Le 14 juin 1944, il est à Bayeux où il installe un commissaire de la République sur la portion de Normandie reconquise. Alors que Britanniques et Américains traînent les pieds, son gouvernement provisoire est reconnu par six gouvernements européens en exil. Le 6 juillet, il s'invite à Washington et Roosevelt se résoud enfin à reconnaître son autorité. Le 26 août, il défile sur les Champs-Élysées et, début septembre, il forme un gouvernement « d'unanimité nationale ». En à peine plus d'un an, celui-ci accordera le droit de vote aux femmes, généralisera la Sécurité sociale et nationalisera Air France, la Régie Renault et les mines de charbon. Mais un désaccord avec les auteurs de la nouvelle Constitution l'amène à démissionner le 20 janvier 1946. De Gaulle a mérité de prendre des vacances : elles dureront douze ans.

Chef de la France libre, de Gaulle a été condamné à mort par le régime de Vichy en tant que déserteur.

Inspiration hitlérienne

Les combats avaient cessé chez nous depuis plus de huit mois quand fut signé l'armistice, le 8 mai 1945. Nous apprîmes longtemps après que le même jour, à Sétif, dans « notre » Algérie française, les indigènes avaient fêté la libération de l'Europe en réclamant qu'on libère aussi leur chef, le nationaliste Messali Hadj. Il avait suffi d'un coup de feu, tiré par un policier, pour que l'affaire tourne à l'émeute puis à la tuerie, avec 102 Européens assassinés. Dans les jours qui suivirent, l'armée française commit un de ses plus grands massacres, avec le soutien, il est vrai, des milices des colons. Selon un officier chargé d'enquêter par la suite sur la répression contre les populations de Sétif et de Guelma, celle-ci fit 15 000 morts. Il y eut des villages incendiés, des bombardements aériens, des tueries à l'automitrailleuse. Les milices coloniales remplirent des camions de cadavres et les brûlèrent dans des fours à chaux. Le gouvernement général d'Alger dénonça « des éléments troubles d'inspiration hitlérienne ». Il ne parlait bien sûr ni des légionnaires qui incendiaient les villages, ni des miliciens qui arrosaient d'essence leurs prisonniers pour les brûler vifs ou qui réinventaient les fours crématoires. Les « éléments d'inspiration hitlérienne » visés par Alger étaient les partisans du nationaliste Messali Hadj, personnage tellement « trouble » qu'il avait soutenu le Front populaire et les républicains espagnols.

Le jour le plus long

Le débarquement de Normandie est prévu depuis longtemps. Dès le 19 août 1942, Canadiens et Britanniques ont tenté une première « reconnaissance en force » en expédiant à Dieppe 6 000 hommes, qui devaient annihiler les défenses allemandes avant de rembarquer. Mais l'opération a tourné au fiasco et 4 300 hommes ont été mis hors de combat. Un nouveau débarquement est donc prévu, mais les Allemands l'attendent plus au nord et… plus tard. Le 6 juin 1944, Adolf Hitler se couche à 4 heures du matin et ordonne qu'on ne le réveille pas avant 9 heures. On ne conteste pas un ordre du Führer. C'est donc à 9 h 15 qu'il apprend que la plus gigantesque opération amphibie et aéroportée de tous les temps est en train de réussir. 5 000 navires alliés, 800 planeurs et 10 000 bombardiers ou chasseurs sont impliqués. À la fin de la journée, on dénombre 5 000 morts parmi les troupes alliées, mais 170 000 soldats américains, britanniques et canadiens ont pris pied sur le sol français.

Il n'y a pas si longtemps, nous écoutions les discours de Pétain en classe.

Chagrins d'école

Dans notre école primaire, l'inspiration était moins hitlérienne que pétainiste. Nous avions enduré des instituteurs aux comportements de miliciens. Les gifles et les coups de règle pleuvaient. Un châtiment plus sadique consistait à nous faire agenouiller dans un coin de la classe les bras en croix, avec un lourd dictionnaire dans chaque main. La douleur était insupportable mais la moindre défaillance était sanctionnée par des coups.

À nos enseignants tortionnaires succéda heureusement une jeune institutrice dévouée qui me prépara pour l'examen de fin d'études primaires. Pour passer les épreuves, il fallait rejoindre la sous-préfecture à vingt-cinq kilomètres de là. Elle m'y accompagna à bicyclette et nous passâmes la nuit chez deux vieilles dames. Le collège où avait lieu l'examen côtoyait la gare qui, en ce mois de juin 1944, était parfois la cible de bombardements. Mais nous fûmes épargnés et j'obtins mon ticket d'entrée au collège.

Mes parents m'envoyèrent dans une institution catholique dont les élèves étaient, pour la plupart, issus de milieux aisés. Les pères étaient officiers, ingénieurs, notaires, assureurs, industriels, commerçants, et même, pour l'un d'entre

Endimanchés jusqu'au bout des doigts.

eux, armateur. Dans ce monde-là et à cette époque-là, il ne faisait pas bon afficher des origines paysannes. Les cultivateurs, considérés comme des arriérés, étaient aussi taxés de profiteurs car ils n'avaient pas souffert comme les citadins des privations occasionnées par l'occupation allemande. Je parvins à cacher mon jeu car mes parents m'avaient mis en pension chez un oncle et une tante qui tenaient une boucherie. Ils avaient fait fortune grâce au marché noir et étaient donc d'authentiques profiteurs, mais tout au moins n'étaient-ils pas perçus comme des arriérés.

Le bizutage

Un seul élève de notre institution était très pauvre, un fils de bûcheron toujours vêtu d'une blouse grise et chaussé de gros souliers. Il y avait une si grande différence de condition sociale entre lui et les autres qu'il devait en souffrir. Le collège faillit me dégoûter, moi aussi, de fréquenter les êtres humains. L'entrée dans l'institution fut en effet brutale. Arrivé du fond de ma campagne où j'avais mené jusque-là une existence paisible et solitaire, je fus jeté dans l'arène sans armure ni protection, comme un agneau parmi les loups. Avec d'autres camarades, j'allais connaître pendant de longues semaines les tortures infligées aux bizuths par les « anciens », en l'occurrence les grands gaillards de quatrième et de troisième qui organisaient à chaque récréation des commandos pour se saisir des petits nouveaux et leur appliquer les corrections traditionnelles, dont la plus régulière était le tape-cul. Ils se mettaient à quatre pour nous écarteler, nous soulevant et nous laissant violemment retomber sur

Le pêcheur fera-t-il une touche ?

Le surveillant du collège. Prêt à sévir à la moindre incartade mais étrangement sourd et aveugle devant les exactions infligées aux bizuths par les « anciens ».

le sol. Les plus récalcitrants avaient droit à une séance de crachats dans la figure. Le pire était l'angoisse, sachant que l'opération allait se répéter chaque jour, qu'on n'y échappait pas et qu'on n'en voyait pas la fin. Pour ma part, je finis à l'infirmerie après avoir reçu une bille de bois sur le crâne.

Le pain blanc

De tels sévices étaient tolérés par l'institution. Certains y voyaient une façon de nous forger le caractère. Nos enseignants, des saints prêtres détachés de toute contingence, feignaient d'ignorer ces pratiques. Ils étaient aidés en cela par un préfet de discipline terriblement myope qu'on appelait « le bigleux ». Quant au vieux surveillant, son absentéisme laissait le champ libre aux tortionnaires.

File d'attente devant une boulangerie parisienne. Les tickets de rationnement seront maintenus jusqu'en 1949.

À la ferme, après la guerre. Le taureau, qui a échappé aux réquisitions, a une carrure de concours agricole.

L'un de mes rares réconforts, pendant ces années d'humiliations, fut le pain blanc que m'envoyaient mes parents. La guerre avait pris fin, mais pas les privations : le pain noir était encore omniprésent. On y trouvait toutes sortes de farines rebutantes : maïs, seigle, orge, et parfois même des brisures de riz. Grâce à l'oncle meunier, j'étais le seul de ma classe à y échapper. J'emportais parfois au collège quelques morceaux de mon précieux pain blanc, que j'avalais en cachette dans les toilettes pendant la récréation.

Sur le plan alimentaire, je ne manquais de rien car l'activité de ma tante n'avait jamais été aussi florissante que pendant ces années noires. Au cours des quelques mois qui avaient suivi l'exode, elle avait sillonné la campagne pour acheter des bêtes qu'elle avait revendues à prix d'or aux abattoirs de la Villette. Par la suite, les pénuries avaient fait de sa boucherie un commerce hautement rentable. « C'est le moment d'en profiter, disait-elle, ça ne durera pas. » Cela dura tout de même quelques années encore après la guerre, car les tickets de rationnement ne disparurent totalement qu'en 1949.

L'après-guerre

La tante bouchère avait amassé assez d'argent pour multiplier les placements immobiliers, mais son avarice lui interdisait toute dépense ostentatoire. Les rares fois où elle m'emmenait – à contre-cœur – à quelque foire ou braderie, elle prenait soin de préciser : « On n'emporte pas de sous, comme ça, on n'en dépensera pas. » Ainsi, sa fortune grandissante passa inaperçue, et elle échappa à la chasse aux profiteurs menée après la Libération. Tel ne fut pas le cas de l'oncle meunier, dont le tempérament de noceur faisait une cible facile. Poursuivi par les agents du contrôle économique pour profits illicites, il obligea deux d'entre eux à déguerpir sous la menace de son fusil. Cela lui valut d'être emprisonné par la suite avec des trafiquants de toute espèce.

La plupart étaient de joyeux lurons dont le moral restait au beau fixe, après les années flamboyantes de l'Occupation. Ayant corrompu leurs gardiens, ils se faisaient apporter des paniers de victuailles et menaient grand train.

La seule à se désoler était l'épouse du meunier, trop jeune et trop fragile pour supporter un tel énergumène. « Ah ! que je suis malheureuse », répétait-elle sans cesse. Il la poussait à bout, si bien qu'elle songeait à le quitter, tout en l'aimant sincèrement.

Les grandes vacances

On joue aux jeunes mariés.

L'épouse du meunier était la seule personne délicate et sentimentale qu'il me fût donné de côtoyer pendant ces années-là. Elle m'emmenait parfois au cinéma voir des films avec Tino Rossi, dont elle raffolait. Je me souviens de la chanson « Marinella » mais il y eut aussi à cette époque « Mon amour est près de toi » et « L'Île d'amour ». J'étais trop jeune pour y trouver beaucoup d'intérêt.

Cette tante m'offrit aussi des vacances qui furent des moments de vrai bonheur. Après la guerre, elle m'emmena à deux reprises, avec ma sœur, sur la côte normande, puis en Bretagne. Nous allions acheter du poisson au port au retour de la pêche. Nous nous enfoncions à l'intérieur des terres pour acheter des œufs et du beurre. Au pays bigouden, nous croisâmes un jour une vieille femme qui, à ma grande surprise, ne parlait pas un mot de français.

De retour au village, le meunier continua sa vie de bambocheur. Il entretenait des camaraderies douteuses et son penchant pour la bouteille était irrépressible. On pensait qu'à ce train-là, il n'en aurait plus pour longtemps : pour en avoir le cœur net, la jeune épouse demanda un pronostic au médecin de famille. Il accorda au meunier sept années d'espérance de vie. C'était beaucoup trop long : elle le quitta sans plus tarder.

1948-1951

Hors de l'enfance

Collège et lycée : le temps des ligues, des cliques et des monômes.

Les monômes

« Que de ligues, que de cliques ! Que de meutes ! Que de troupes ! » Comme si l'avant-guerre ne nous avait pas servi de leçon, la mode des processions, des faisceaux et des grappes humaines restait bien ancrée. Georges Brassens ne chantait pas encore, mais il avait déjà beaucoup écrit

Chronologie

30 janvier 1948
Assassinat de Gandhi.

20 février 1948
Début du Coup de Prague, amorce de guerre civile, qui obligera le président Edvard Beneš à former un gouvernement dominé par les communistes.

Avril 1948
Début de l'affrontement entre libéraux et conservateurs colombiens, qui fera 150 000 morts en cinq ans.

14 mai 1948
Proclamation de l'État d'Israël par David Ben Gourion.

15 mai 1948
Début de la première guerre israélo-arabe, qui se terminera un an plus tard par une victoire israélienne.

14 juillet 1949
Explosion de la première bombe atomique soviétique.

1er octobre 1949
Proclamation de la République populaire de Chine après la prise du pouvoir par les communistes emmenés par Mao Zedong et la fuite de Tchang Kaï-chek sur l'île de Formose.

28 décembre 1949
Juliana, la reine des Pays-Bas, accorde son indépendance à l'Indonésie.

3 juin 1950
Maurice Herzog et Louis Lachenal réussissent l'ascension de l'Anapurna, premier sommet de plus de 8 000 mètres à être escaladé.

25 juin 1950
Le franchissement du 38e parallèle par les troupes nord-coréennes marque le début de la guerre de Corée, où les troupes américaines interviennent en tant que casques bleus sous l'égide des Nations unies.

4 novembre 1950
Signature de la Convention européenne des droits de l'homme.

18 avril 1951
Création de la Communauté européenne du charbon et de l'acier, ancêtre de l'Union européenne.

9 juillet 1951
L'état de guerre entre la France, le Royaume-Uni, les États-Unis et l'Allemagne prend officiellement fin.

et annonçait sa devise : « Bande à part, sacrebleu ! » Pour moi, je ne m'étais tenu qu'en partie à cette règle. Mon inaptitude physique et mentale m'avaient épargné l'embrigadement chez les scouts. Quant à mon recrutement comme enfant de chœur, il s'était heurté à mes connaissances trop rudimentaires en matière de liturgie catholique. J'avais tout de même été enrôlé, en tant que membre trésorier, dans une ligue militante dont la principale fonction consistait à assurer la gestion des stocks de gâteaux vitaminés que nous envoyaient les Américains. Je n'étais pas quitte pour autant de ce mouvement puissant et quasi instinctif qui nous amenait à nous engager et à nous attrouper. À chaque fin d'année, en tant que collégiens, nous formions des monômes, défilés tapageurs conduits par les élèves de terminale. On déferlait dans les rues, prenant d'assaut les tramways sous l'œil indulgent des sergents de ville. L'une des cibles de cette horde était le bouquiniste parce qu'il était

À quatorze ans, derniers sursauts d'enfance.

pauvre, qu'il avait une jambe de bois, que sa femme était grosse et qu'il avait la tête de Thénardier dans le film *Les Misérables*. Quand les petits bourgeois du monôme se bouchaient le nez en pénétrant dans le taudis de sa boutique, il faisait mine d'ignorer cet affront parce qu'ils étaient ses clients et qu'il possédait plus de culture que toute leur troupe réunie.

La foi conquérante

Le directeur de notre institution catholique aurait voulu nous voir toujours plus engagés. Il rêvait de faire de nous des croisés des temps modernes : chevaliers d'industrie, chefs d'entreprise ou, mieux encore, parachutistes. Son appel fut entendu car la décennie suivante vit la chapelle se couvrir d'inscriptions à la gloire de ceux qui étaient tombés en Indochine. « Au champ d'honneur », comme on disait à l'époque.

Le père devant sa ferme. « Plus la culotte est large, plus l'homme est fort », disait-il.

Pour attiser la foi conquérante qui était censée nous animer, l'évêque nous rendait visite une fois par an. Dans un discours devenu rituel, il nous appelait ses chers enfants, faisait l'éloge de nos chers professeurs, louait notre chère institution et déclinait les vertus de notre cher directeur. Pendant ce temps, nous comptions sur nos doigts le nombre de fois où était prononcé son aimable adjectif.

L'allocution était suivie de vêpres solennelles au cours desquelles l'évêque trônait, crosse en main et mitre sur la tête. Nous étions excités par tant de faste mais la puissance de l'orgue et du chœur, qui faisaient résonner le *Tantum ergo*, couvrait tous nos murmures. L'époque était au catholicisme triomphant : nous n'avions pas encore entendu parler de ces prêtres ouvriers dont l'engagement subversif avait déjà commencé à lézarder le bel édifice de l'Église, et contribuerait quelques années plus tard à lui faire perdre son latin.

Une mère entreprenante
mais réputée « arcandière ».

L'homme au chapeau haut-de-forme

Pour certains, le XIXe siècle se prolonge jusque dans les années cinquante. C'est le cas de Marcel Boussac, magnat de l'industrie textile, qui est devenu l'homme le plus riche de France. Propriétaire de dizaines d'usines, des quotidiens L'Aurore *et* Paris-Turf *et de la maison Christian Dior, il possède également la meilleure écurie de chevaux de course du monde. On le voit fréquemment sur les hippodromes de France et d'Angleterre, en chapeau haut-de-forme, au bras de son épouse Fanny, ancienne chanteuse d'opéra.*

Boussac, né en 1889, est le fils d'un drapier de Châteauroux. Monté à Paris à dix-huit ans avec un capital de 400 000 francs-or, il le fait fructifier et crée, quatre ans plus tard, le Comptoir de l'industrie cotonnière, dont le succès fulgurant lui permet bientôt de rouler en Rolls-Royce. Mobilisé, puis opportunément réformé dès le début de la Grande Guerre, il accroît sa fortune en fabriquant des uniformes de poilus. Son coup de maître est le rachat, après l'armistice, d'un énorme stock de toile de parachute qu'il transforme en vêtements. Par la suite, chaque épreuve que traverse la France va l'aider à étendre son empire : il rachète des usines textiles en faillite après la crise de 1929, répond aux commandes de l'armée allemande sous l'Occupation. En 1954, le magazine américain Fortune *évaluera ses biens à 50 milliards de francs. De quoi construire 60 000 logements HLM...*

Sarbacane et zizanie

Nous avions encore quelques années d'insouciance devant nous avant d'attaquer le « bachot ». Afin de rompre la monotonie de la vie scolaire, l'un de nous eut l'idée de percer un trou à la chignole dans la cloison du fond de la classe. Cet orifice discret mais tout à fait stratégique nous permit de semer une réjouissante zizanie entre professeurs. Tandis que le nôtre était occupé à écrire au tableau, nous tournant le dos, l'un de nous se chargea de guetter à travers le trou le moment où le professeur de la classe voisine s'approcherait lui aussi de son tableau. À l'instant propice, une

Bientôt, tu seras un homme, mon fils.
Mais tu n'es encore qu'un grand dadais…

sarbacane emplie de poussière de craie fut promptement introduite dans la minuscule brèche et un souffle puissant expédia, presque à bout portant, un formidable nuage blanc sur l'enseignant stupéfait. On entendit alors à travers la cloison une explosion de rires, vite réprimée par les cris furieux de la victime et suivie d'une galopade et d'un claquement de porte. Entre-temps, ce vacarme avait fait se retourner notre professeur. Sous ses yeux incrédules, la classe était restée parfaitement immobile et studieuse. Aucun élève, bien entendu, ne se tenait à proximité de la cloison. Surgit alors le professeur de la classe voisine, rouge de colère mais blanchi par la poussière de craie. Tandis que nous tentions de réprimer un fou rire collectif, commença l'inévitable altercation entre les deux professeurs qui ne s'aimaient pas et dont la confrontation nous combla d'aise.

Churchill, renvoyé dans ses foyers par les électeurs britanniques en 1945, était francophile, ce qui ne l'empêcha pas d'avoir avec de Gaulle quelques échanges musclés.

Shakespeare et Churchill

Nous n'aurions pas osé infliger pareil outrage à notre professeur d'anglais. Élégante et plus cultivée que la plupart de ses collègues, elle était la seule à être agrégée. Veuve d'un officier tué en 1940, elle se félicitait d'avoir fait de longues études qui lui assuraient une totale indépendance, chose rare pour une femme de cette époque. Elle avait un style impeccable, dont l'élément de base était un tailleur Chanel redessiné par Christian Dior.

Avec la grande sœur, en attendant d'autres rendez-vous au bord de l'eau.

Chaque matin, les plus grossiers des cancres, dans l'espoir d'atteindre le fondement de son élégance, répandaient sur sa chaise leur inévitable poussière de craie. Prévenue contre ces lourdes facéties, elle ne s'asseyait jamais. Ce qui ne l'empêchait pas d'être indisposée d'emblée, d'autant que notre capacité à manier la langue de Shakespeare était empreinte d'une pesanteur désespérante.

À cette époque, l'enseignement des langues était livresque, académique et bien peu mis en pratique. Avant-guerre, Maurice Chevalier avait sans doute été le meilleur angliciste de l'Hexagone, malgré son accent parigot. Quant à de Gaulle, au début de son exil londonien, il comprenait l'anglais mais le parlait fort peu. Churchill, en revanche, baragouinait un français pittoresque appris sur la Côte d'Azur, lors de ses longues vacances d'avant-guerre au cours desquelles il venait poser son chevalet face à la Méditerranée. « Si vous m'obstaclerez, je vous liquiderai », avait-il dit un jour à l'homme du 18 juin.

La guerre la plus meurtrière de la seconde moitié du XXe siècle

Annexée par le Japon en 1910, la Corée retrouve son indépendance en 1945. Mais, lors de la conférence de Yalta, les grandes puissances se sont entendues sur la délimitation de deux zones d'occupation séparées par le 38e parallèle. Après la défaite japonaise, des négociations sont organisées dans le but de créer un gouvernement unique. Mais leur échec entraîne la création de deux États coréens en 1948, l'un sous influence soviétique, l'autre sous protection américaine. Le 25 juin 1950, les forces communistes de la Corée du Nord envahissent le Sud. Le Conseil de sécurité des Nations unies envoie alors un corps expéditionnaire composé de soldats d'une vingtaine de pays (dont 3 000 Français) mais dominé par les États-Unis. À partir de novembre 1950, la Chine, devenue communiste depuis un an, envoie 500 000 hommes en renfort de l'armée nord-coréenne, déjà appuyée par l'aviation soviétique. Achevée en 1953, la guerre de Corée restera le conflit le plus meurtrier de la seconde moitié du XXe siècle, avec plus de 700 000 combattants tués (dont 400 000 Chinois) et des millions de morts et de blessés parmi les civils.

Philo et bachot

Pour la génération précédente, le certificat d'études avait été un horizon que bien peu d'enfants du peuple pouvaient songer à dépasser. Pour notre génération, c'est le bachot qui jouait ce rôle. On appelait la terminale littéraire « classe de philosophie » car cette matière en était l'élément de distinction. Le professeur qui nous initia à cette discipline venait de Paris en train, ce qui, à nos yeux, ajoutait à son aura. Pour autant, il était imperméable aux modes qui agitaient constamment la capitale. Ainsi faisait-il mine d'ignorer totalement l'existentialisme de Jean-Paul Sartre, dont la renommée battait alors son plein. Cette prétendue philosophie de la vie suscitait dans les rangs de la jeunesse de l'après-guerre un engouement extraordinaire, bien au-delà de Saint-Germain-des-Prés.

Mais notre professeur n'y voyait qu'une mode intellectuelle liée au besoin de défoulement et au relâchement des mœurs. Pour lui, cette mode, par définition, ne pouvait être qu'éphémère, ce qu'elle fut effectivement. Étranger au snobisme ambiant, il jugeait bien préférable de nous initier à la dialectique en vigueur chez les Grecs au IVe siècle avant Jésus-Christ à partir d'un dialogue de Platon ou du récit de la vie de Socrate, illustrant ainsi la situation fondamentalement tragique du philosophe au sein de la société. Pour lui, la

Jean-Paul Sartre et
Simone de Beauvoir en 1959.

recherche de la vérité et l'amour de la sagesse ne pouvaient qu'attirer sur celui qui s'y consacrait les foudres de ses concitoyens. C'est pourquoi Sartre, dont les combats pour la justice enflammaient la jeunesse, ne pouvait être à ses yeux qu'un imposteur. Notre professeur préfigurait à sa façon l'écrivain Cioran pour qui « les hommes ne suivent que ceux qui leur prodiguent des illusions. On n'a jamais vu d'attroupement autour d'un désabusé ».

Quartier latin

Le bac en poche, il fallut monter à Paris. En Province, les universités étaient peu nombreuses, et près de la moitié des effectifs de l'enseignement supérieur se concentraient dans la capitale. Il y avait à peine 140 000 étudiants dans la France de 1951, soit dix fois moins qu'aujourd'hui. La Sorbonne de l'après-guerre était encore perçue comme le temple du savoir. Ceux qui préparaient la licence de lettres entraient en première année dans ce qu'on appelait pompeusement la « propédeutique », d'après une racine grecque imprononçable évoquant fort banalement l'art d'enseigner. Quant à la faculté de droit, sa proximité avec le Panthéon avait de quoi éblouir les petits provinciaux que nous étions. Un de nos camarades était devenu carabin, c'est-à-dire étudiant en médecine. Il nous avait présenté une Anglaise rouquine mal fagotée mais dont l'évocation du père, producteur de cinéma, suffisait à nous faire rêver. Elle fut rapidement soustraite à notre compagnie par la tante qui l'hébergeait et qui, ayant eu vent d'un risque de dévergondage, avait préféré la séquestrer.

Étudiants dans la cour de la Sorbonne, au milieu des années cinquante.

Réflexion d'un étudiant en droit au début des années cinquante : « La magistrature est le juste milieu entre le capitalisme qui rend sourd et le prolétariat qui rend aveugle. »

Parfois, pour échapper au restaurant universitaire, nous allions déjeuner à La Chope, un restaurant populaire situé en bord de Seine. On y voyait des dames de l'Armée du Salut dont la tête s'ornait d'une coiffe bleue. La spécialité de la maison était alors un riz au lard de première qualité.

L'autre moitié

Si la nourriture était le cadet de nos soucis, le logement en était l'aîné. Rien n'était plus difficile que de trouver un toit à Paris – même sous les toits. On visitait d'abominables gourbis où des gamelles étaient disposées sous d'innombrables fuites. La loi de 1948 avait empêché la flambée des loyers mais elle n'avait pas réglé la question de la pénurie de logements. Après m'être incrusté chez ma sœur en banlieue, j'avais dû louer une chambre d'hôtel. Je finis par trouver une location chez une vieille dame de la rue du Maine, une veuve juive à qui je n'ai jamais osé demander ce qui était arrivé à son mari. Il m'était naturellement défendu d'amener des camarades du sexe opposé.

Heureusement qu'au cinéma,
les sièges sont doubles…

Nous avions pourtant fait la découverte de la mixité sur les bancs des amphithéâtres, après des années de cours primaire et secondaire où les filles et les garçons ne se rencontraient jamais. Il nous arrivait de suivre des cours terriblement ardus et soporifiques comme celui du philosophe Merleau-Ponty dans le seul but de contempler le beau visage d'une étudiante. Simone de Beauvoir venait d'écrire *Le Deuxième Sexe*. Les cinémas jouaient *Caroline chérie, L'Odyssée de l'African Queen* et *Bellissima*. Nous découvrions l'autre moitié du monde.

La grande sœur
se marie au village.